A LENDA DO TEATRO DE SOMBRAS

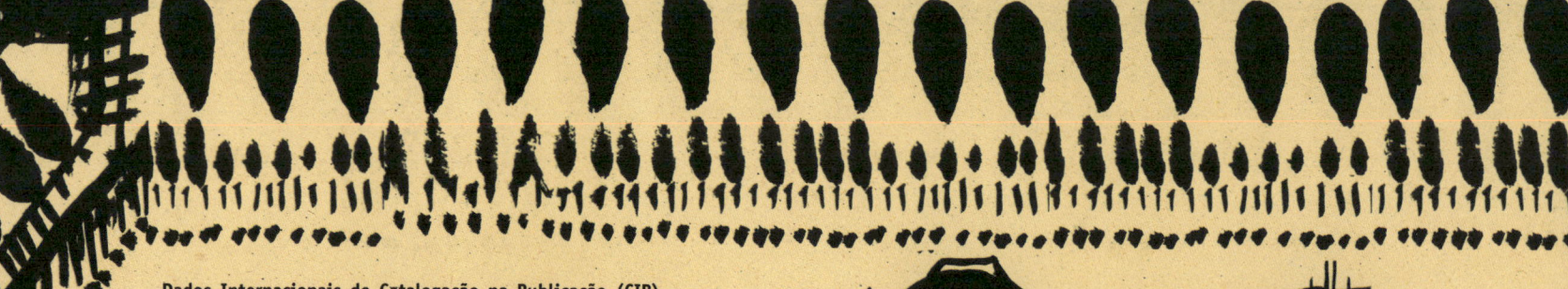
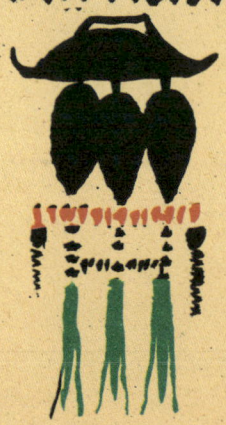

Dados Internacionais de Catalogação na Publicação (CIP)
(Câmara Brasileira do Livro, SP, Brasil)

Haurélio, Marco
A lenda do teatro de sombras / Marco Haurélio ; [ilustrações] Fernando Vilela. – São Paulo : Editora Paulinas, 2019. – (Espaço aberto)

ISBN 978-85-356-4560-6

1. Literatura infantojuvenil I. Vilela, Fernando. II. Título III. Série.

19-29255 CDD-028.5

Índices para catálogo sistemático:

1. Literatura infantil   028.5
2. Literatura infantojuvenil   028.5

Cibele Maria Dias - Bibliotecária - CRB-8/9427

1ª edição – 2019

Direção-geral: *Flávia Reginatto*
Editora responsável: *Maria Goretti de Oliveira*
Copidesque: *Ana Cecilia Mari*
Coordenação de revisão: *Marina Mendonça*
Revisão: *Sandra Sinzato*
Gerente de produção: *Felício Calegaro Neto*
Projeto gráfico e diagramação: *Fernando Vilela*
Tratamento de imagem: *Artebr*
Produção de arte: *Jéssica Diniz Souza*

Nenhuma parte desta obra pode ser reproduzida ou transmitida por qualquer forma e/ou quaisquer meios (eletrônico ou mecânico, incluindo fotocópia e gravação) ou arquivada em qualquer sistema ou banco de dados sem permissão escrita da Editora. Direitos reservados.

Paulinas
Rua Dona Inácia Uchoa, 62
04110-020 – São Paulo – SP (Brasil)
Tel.: (11) 2125-3500
http://www.paulinas.com.br – editora@paulinas.com.br
Telemarketing e SAC: 0800-7010081

© Pia Sociedade Filhas de São Paulo – São Paulo, 2019

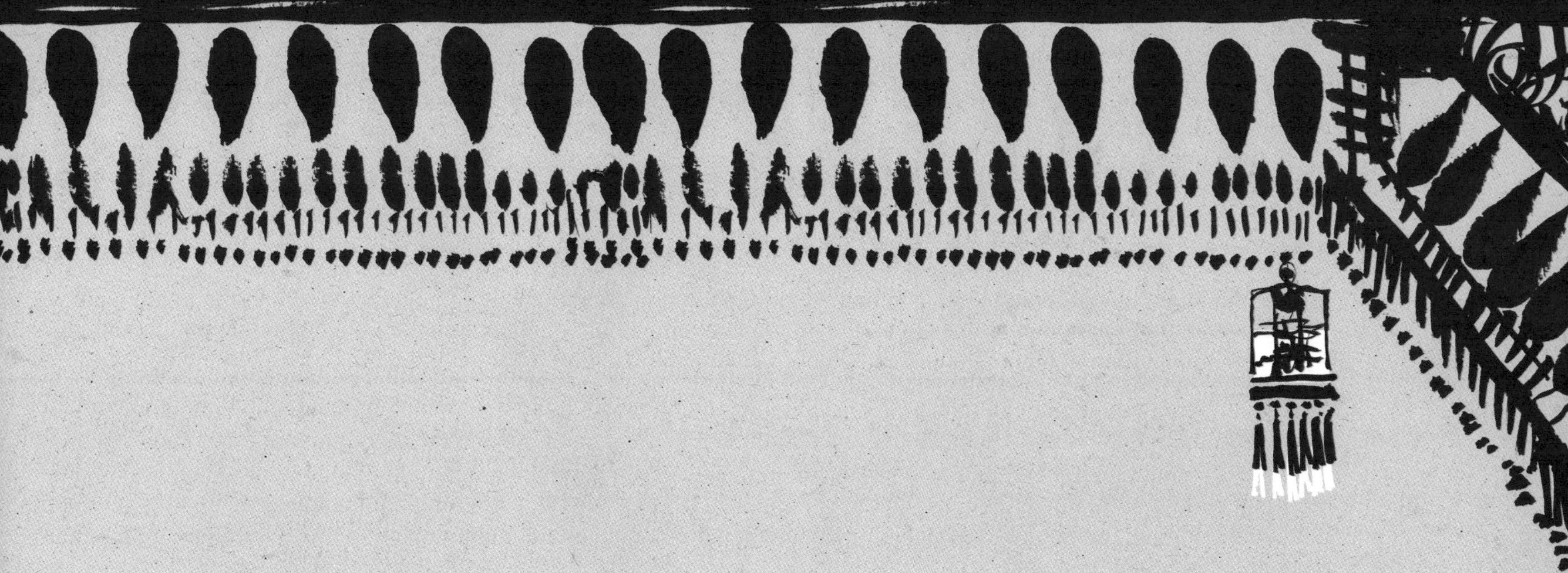

A LENDA DO TEATRO DE SOMBRAS

MARCO HAURÉLIO E FERNANDO VILELA

Certa vez ouvi contar
Uma história tão bonita:
De um imperador da China
E sua grande desdita.

O conto ainda nos fala
Que esse imperador famoso
Era protetor das artes,
Da dança um fã fervoroso.

Das bailarinas da corte
Uma chamava a atenção:
Li, que dançando lembrava
O pulsar do coração.

Ao mago daquela corte
Ordenou que aparecesse
Em sua sala e lá disse
Qual era o seu interesse:

– Era a minha favorita,
Eis a razão do estrago!
Quero que a traga de volta!
– Gritou Wu'Ti para o mago.

Disse Shao-weng: – Não posso.
Por mais que da arte eu conheça.
O imperador ameaça:
– Ou isso ou sua cabeça!

O pobre mago pensava
Como dessa se safar,
Porque do Reino das Sombras
Ninguém consegue voltar.

O imperador, ansioso,
Todo dia o importunava,
Perguntando pela bela,
Mas Shao-weng se esquivava.

Perto de entregar os pontos,
Numa noite muito escura,
Depois de acender a vela,
Ele encontra o que procura.

Viu na parede uma sombra,
O que o deixou bem contente.
Com as mãos fazia gestos,
Como um menino ridente.

E, no outro dia bem cedo,
Foi ao monarca dizer:
– Vossa amiga bailarina
Das sombras irei trazer.

– Como? – perguntou Wu'Ti,
Curioso e apreensivo.
– No dia vós sabereis –
Respondeu o mago altivo.

Com uma pele de peixe
Fez a silhueta bela
Da bailarina saudosa,
E a magia se revela.

Assim, no dia aprazado,
Ao palácio imperial,
Shao-weng levou sorrindo
Um baú artesanal.

Valeu-se da luz do sol
Detrás duma alva cortina,
Onde, grácil, se movia
Uma linda bailarina.

Ao som da flauta, bailava,
Igual uma ave no céu.
O mago agora sorria,
Sem os temores de réu.

O imperador, felicíssimo,
Reviu a sua sentença
E deu para o fiel mago
Uma régia recompensa.

Era o teatro de sombras
Que na China aparecia
E encantara os assistentes
Com singeleza e magia.

O mundo ainda celebra
A arte que se fez eterna,
Porque é, a um só tempo,
Tão antiga e tão moderna.

Uma arte muito antiga

Há quem afirme que o teatro de sombras existe desde tempos imemoriais. É de se imaginar que, em tempos pré-históricos, depois da descoberta do fogo e do seu uso no cozimento dos alimentos e para espantar os animais predadores, os nossos ancestrais, constituindo os primeiros agrupamentos humanos, sentiram a necessidade de se comunicar. E isso se deu inicialmente pelo gesto, que antecede a palavra, mas também por meio de desenhos e pinturas nas paredes das cavernas e rochas, que nos dão pistas de como agia ou pensava o ser humano na longuíssima noite que chamamos de pré-história. Só podemos supor que, nos momentos em que se reuniam ao redor das fogueiras, com as mãos ou o auxílio de objetos rudimentares, contavam algumas histórias ou homenageavam seus antepassados através das sombras projetadas nas paredes das cavernas. O teatro de sombras, como o conhecemos hoje, no entanto, deve ter se desenvolvido no sudeste da Ásia, em países como Indonésia, Malásia, Camboja, Tailândia, mas, principalmente, na China e na Índia.

Na China, país mais identificado com esta arte milenar, as silhuetas podem ser coloridas e, graças à habilidade do marionetista, executam movimentos complexos que incluem lutas, danças e até mesmo expressões faciais e cenas de batalhas. Na Índia, por muito tempo, temas ligados à religião e à moralidade predominaram nas representações locais do teatro de sombras. Na Turquia, o teatro de sombras é chamado *Karagöz* ("Olho Negro" em turco), nome que homenageia um herói cômico de grande popularidade.

A história que lemos, recontada em poesia, retrata uma lenda do século II a.C., envolvendo o imperador Wu'Ti (ou Wudi), da dinastia Han, que fica desconsolado com a morte de sua mais querida bailarina. Em algumas versões, é a sua consorte, Li Furen, que morre prematuramente. Ele, então, recorre ao mago da corte, Shao-weng, e este sábio, na tentativa de ressuscitar a favorita do imperador, acaba por inventar, quase que por acidente, o teatro de sombras. A história de amor de Wu'Ti por Li foi registrada algum tempo depois no *Hanshu* (Livro de Han), escrito por um oficial da corte chamado Ban Gu. Já a lenda do teatro de sombras apareceu muito depois, por volta de 1080, no livro *Shiwu Jiyuan* [A origem das coisas], escrito por Gao Cheng.

Para saber mais: *Shadow Theaters of the World* (Teatros de sombra no mundo), de Fan Pen Chen, State University of New York, 2003.

Sobre as ilustrações deste livro por Fernando Vilela

Sempre gostei de teatro de sombras e da arte tradicional chinesa e japonesa. Em 2013, Stela Barbieri, minha mulher, e eu tivemos a sorte de visitar em Lisboa – no Museu do Oriente – uma enorme exposição de teatro de sombras, com cenários e marionetes da China, do Camboja, da Índia, da Tailândia e de outros países. Nessa mostra aprendemos que, em todas essas culturas, as marionetes são articuladas e feitas com materiais semitransparentes – couro lixado, escama de peixe, papéis, entre outros. As figuras e os espaços são desenhados, pintados e recortados com muitos detalhes, como as imagens de marionetes das páginas 30 e 31.

    Para fazer as ilustrações deste livro me inspirei em imagens de teatros de sombras orientais e desenhos chineses antigos feitos com pincel. Primeiramente fiz todos os desenhos com um pincel chinês e tinta nanquim: personagens, cenários, paisagens e construções (veja as fotos ao lado). Depois usei carimbos de borracha, feitos por mim, para fazer as estampas das roupas e outros elementos dos espaços. Digitalizei tudo e, com o computador, apliquei as cores nas imagens e diagramei o livro. Para o fundo das ilustrações usei um papel artesanal.

Desenhos de Fernando Vilela feitos com pincel e nanquim.

Marionete do teatro Tholu Bomallata
Representa Sita, esposa de Rama,
a heroína do épico hindu Ramayana
Índia, Andra Pradesh, séc. XX
Autoria de Seethalakshmi
Pele de gamo e cabra, 100 x 45 cm
Fundação Oriente-Museu

sobre o autor

Marco Haurélio nasceu em Ponta da Serra, pequena localidade que já pertenceu ao município de Riacho de Santana, mas que hoje faz parte da vizinha Igaporã, sertão da Bahia. Conviveu desde cedo com as histórias tradicionais, contadas pela avó Luzia Josefina, sua primeira professora, e também com a poesia: a dos livros, de autores como Castro Alves, Cecília Meireles, Vinicius de Moraes e Leandro Gomes de Barros; e a do povo, presente nas cantigas de trabalho, nas rodas e rondas infantis e nas festas tradicionais. Hoje se dedica a recolher e a catalogar essa poesia e essas histórias, que são patrimônios imateriais do nosso povo. Dedica-se também a criar seus próprios poemas, em vários gêneros, sendo o cordel o seu favorito. Tem mais de 40 livros publicados, entre eles, *Contos folclóricos brasileiros* (Paulus), *A roupa nova do rei* (Nova Alexandria), *Meus romances de cordel* (Global), *A lenda do Batatão* (SESI-SP Editora) e *O encontro da cidade criança com o sertão menino* (Editora do Brasil).

sobre o ilustrador

Fernando Vilela é artista, designer, educador e curador, além de escritor e ilustrador. Já ilustrou mais de 90 livros em dez países, dentre os quais 24 são em parceria com Stela Barbieri e vinte são de sua autoria. Seu primeiro livro, *Lampião & Lancelote* (Cosac Naify, 2006), recebeu em 2007 a menção honrosa na categoria Novos Horizontes na Feira Internacional do Livro Infantil de Bolonha, além de dois prêmios Jabuti. Dentre suas premiadas publicações com a autora Stela Barbieri destacam-se *A menina do fio* e *Bumba meu boi*, publicados pela WMF Martins Fontes, e *Simbá, o marujo*, pela Editora do SESI. Vilela realizou exposições de arte e ilustração no Brasil e no exterior. Possui obras em coleções, como a do Museum of Modern Art de Nova York (MoMA), da Pinacoteca do Estado de São Paulo, entre outros, e é curador de mostras de ilustração. Faz parte da equipe do Bináh Espaço de Artes. Seu trabalho pode ser visto no site: <www.fernandovilela.com.br>.

Marionete do teatro Nang Talung
Representa Kumbakarna ou Kumpakan (tailandês), irmão gigante de Ravana, o rei demônio do épico hindu Ramayana ou Ramakien (tailandês)
Tailândia, séc. XX
Pele de búfalo, 80 x 44 cm
Fundação Oriente-Museu